BEI GRIN MACHT SICH IHR WISSEN BEZAHLT

Monitoring Lösung auf Basis eines Einplatinencomputers (Raspberry Pi). Dokumentation der betrieblichen Projektarbeit im Rahmen der Abschlussprüfung als Fachinformatiker Systemintegration

Daniel Zilly

Bibliografische Information der Deutschen Nationalbibliothek:

Die Deutsche Nationalbibliothek verzeichnet diese Publikation in der Deutschen Nationalbibliografie; detaillierte bibliografische Daten sind im Internet über http://dnb.d-nb.de abrufbar.

ISBN: 9783346883575
Dieses Buch ist auch als E-Book erhältlich.

Druck und Bindung: Books on Demand GmbH, Norderstedt Germany
Gedruckt auf säurefreiem Papier aus verantwortungsvollen Quellen

Das vorliegende Werk wurde sorgfältig erarbeitet. Dennoch übernehmen Autoren und Verlag für die Richtigkeit von Angaben, Hinweisen, Links und Ratschlägen sowie eventuelle Druckfehler keine Haftung.

Das Buch bei GRIN: https://www.grin.com/document/1360837

Monitoring Lösung auf Basis eines Einplatinencomputers (Raspberry Pi)

Dokumentation der betrieblichen Projektarbeit
im Rahmen der Abschlussprüfung als Fachinformatiker Systemintegration

Abschlußprüfung Sommer 2022
Fachinformatiker für Systemintegration
Industrie- und Handelskammer Karlsruhe
Daniel Zilly

Ausbildungsbetrieb:

Inhaltsverzeichnis

Abbildungsverzeichnis

Tabellenverzeichnis

1 Einleitung

In dieser Projektdokumentation werden die Ausgangssituation, Beweggründe und Durchführung der *Einführung einer Monitoring-Lösung auf Basis eines Einplatinencomputers (Raspberry Pi)* beschrieben. Die Dokumentation ist im Rahmen der betrieblichen Projektarbeit, die Teil der Abschlussprüfung zum *Fachinformatiker für Systemintegration* ist, entstanden. Ausbildungsbetrieb ist die Firma [1], am Standort Karlsruhe. Das Projekte wurde von mir, Daniel Zilly, im Zeitraum vom 25.2.2022, bis zum 29.4.2020, in der der IT-Abteilung der Firma ＿＿＿ [17], Standort Karlsruhe, innerhalb des Zeitrahmens von 40 Stunden durchgeführt. . Eingereicht wurde die Dokumentation bei der *Industrie- und Handelskammer Karlsruhe* [2] zur Abschlussprüfung Sommer 2022 am 5. Mai 2022.

1.1 Projektumfeld

1.1.1 Projektumfeld

Die ＿＿＿ ist ein Schulungsunternehmen in der Erwachsenenbildung im Segment arbeitsmarktrelevanter Qualifikationen. ＿＿＿ wurde 2002 gegründet und ist überregional an über 50 Standorten vertreten. Die Firma ＿＿＿ ist seit 2019 Teil der Amadeus ＿＿＿ , einem überregional arbeitenden Personaldienstleister im kaufmännischen und IT-Bereich.

In der Zweigstelle Karlsruhe arbeiten sechs Mitarbeiter in der Verwaltung und zwei in der IT-Abteilung. Das LAN Karlsruhe [Netzwerkaddresse: ■■.■.■.■.0/24] ist mit der Firmensitz in Dortmund [Netzwerkaddresse: ■.■.■.0/20] via VPN verbunden. Der Standort Karlsruhe verfügt über fünf Server, zwei davon Linux-Server, einen LMS-Server und einen IT-Dokumentations-Server. Es gibt fünf Schulungsräume mit jeweils 20 Schulungs-PC's. Diese sind über Switches im LAN angebunden. Darüberhinaus noch zwei Büros der Verwaltung mit je drei Mitarbeiter-PC's und die IT-Abteilung mit drei Mitarbeiter-PC's und diversen Testrechnern.

1.1.2 Projektabgrenzung

Die Monitoring-Lösung wird sich auf die unter Sachziele beschriebenen Punkte beschränken. Das umfangreiche Gebiet des Alerting wird hier auch nicht näher betrachtet, sollte aber in einem Folgeprojekt bearbeitet werden. Die automatische Auslösung von Alarmierungen unterschiedlicher Stufen mit Datenübertragung in ITIL gemäße Servicemanagement- und Ticketsysteme ist hier also nicht Gegenstand der Betrachtung. Das Hardening des Servers und die Absicherung der internen Datenkommunikation fallen ebenso wenig in die Bearbeitung dieser Projektarbeit.

1.1.3 Prozessschnittstellen

Es handelt sich um ein internes Projekt. Auftraggeber sind sowohl das Team der Administratoren der IT-Abteilung am Standort Karlsruhe, als auch der für Ausbildung und Schulungskonzepte zuständige Herr Becker. Das Administratoren-Team unterstützte bei der Erstellung von Anforderungen, der Vergabe von fehlenden Berechtigungen und Zugang zu Systemen. Als wichtigster Stakeholder setzte es die Maßstäbe für die Abnahme des Projektes. Der Ausbilder war Ansprechpartner in allen Belangen des Projektes, angefangen von der Projektvergabe, dem Projektauftrag bis hin zur Projektabnahme. Der Monitoring-Server ist an das LAN in Karlsruhe angeschlossen und erreicht somit die beiden Linux-Server.

Personen Beteiligte Personen des Projekts sind in Tab. 1 auf S. 2 aufgeführt.

---

[1] Logo s. Abbldg. 4, S. 27
[2] [18],Logo s. Abbldg. 5, S. 27

Tabelle 1: Prozessschnittstellen - Personen

Name	Firma	Abteilung	Anmerkung
		Schulungskonzepte	Ausbilder [2]
Administratoren-Team [1]		IT-Abteilung Standort Karlsruhe	Auftraggeber [3]
Zilly, Daniel		IT-Abteilung Standort Karlsruhe	Auszubildender [4]

[1] aus Datenschutzgründen nicht namentlich genannt
[2] Auftraggeber
[3] Projektansprechpartner und Abnahme
[4] Projektdurchführung

1.2 Projektziel, Soll-Konzept

Unter Einhaltung der Zielvorgaben und dem gegebenen Zeit- und Kostenrahmen stehen an Tätigkeiten im Vordergrund dieses Projektes, eine Monitoring-Lösung auszuwählen , diese in Betrieb zu nehmen und zu testen, und im Abschluss an das Administratoren Team zu übergeben. Dies schließt sowohl diese umfangreiche Projektdokumentation als auch die Anwenderdokumentation[3] mit ein. Entscheidend hierbei ist es den angemessenen Mittelweg zwischen zu wenig und einer überdimensionierten Monitoring Umgebung zu finden [8]. Da Monitoring also kein Selbstzweck ist, sondern ein notwendiger Dienst, der permanent nebenbei zusätzlich auch noch funktionieren muss, gilt es geeignete Werkzeuge zu finden und einzusetzen, die diese Aufgabe mit nur geringem Zusatzaufwand quasi nebenbei erledigen. Es gibt sehr viele ausgeklügelte aber eben auch sehr komplexe Monitoring-Lösungen am Markt. Es wäre denkbar eine Monitoring-Suite wie ATLAS [7] einzusetzen, die ein zentralisiertes Monitoring einer hochkomplexen Cloud-IT-Infrastruktur von einer Oberfläche aus gestattet. Angemessen wäre es keineswegs. Daher ist in Betracht zu ziehen, ob nicht auch deutlich kleinere Lösungen in ganz anderer Dimensionierung, am unteren Ende der Skala, einen effizienteren Ansatz für Überwachung bieten.

1.2.1 Sachziel

Es soll eine Monitoring-Lösung auf Basis eines Einplatinencomputers geschaffen werden. Die Lösung sollte dem Team einen übersichtlichen, visuellen Status der Server und Dienste geben. Angedacht ist die Nutzung einer open-Source Monitoring-Lösung.

Für bestehende Systeme und Services wird herausgearbeitet werden, welche Parameter in die Überwachung aufgenommen werden müssen. Zukünftige Systeme werden erst nach Integration in das Monitoring in Betrieb gehen. Dieses beinhaltet insbesondere die Überwachung der Verfügbarkeit der Web-Server und der Web-Services.

Das Projekt ist detailliert und umfangreich zu dokumentieren und für die Zielgruppe eine Anwenderdokumentation anzufertigen.

1.2.2 Kostenziel

Der *wirtschaftliche Nutzen* eines Monitoring-Systems besteht hauptsächlich in seiner Funktion zur vorbeugenden *Vermeidung und Reduzierung* von Ausfallzeiten bzw. Herabsetzung vereinbarter Service Level Stufen. Die Kalkulation der Kosten für den Aufbau einer initialen Monitoring-Lösung

---

[3] A.1, S. 24

werden hypothetischen Kosten eines Ausfalls von Systemen und/oder Diensten in einer *Wirtschaftlichkeitsbetrachtung* gegenübergestellt. Da Monitoring nicht als Selbstzweck bereits einen Gewinn erwirtschaften kann, sondern vor allem zur Qualitätssicherung und zur Einhaltung von SLA [4] 's beitragen kann, ist das Investitionsvolumen hierfür sehr knapp bemessen. Das System muss selbst eine Aktivität von 24h 7 Tagen pro Woche aufweisen. Neben den Anschaffungskosten für Hardware und Software sollten also auch die Betriebskosten sehr gering gehalten werden.

1.2.3 Terminziel

Für das Projekt steht eine Arbeitswoche (40h) zur Verfügung. In diesem Zeitraum sind die kompletten Projektphasen von der Analyse und Konzeption, der eigentlichen Durchführung und dem Abschluss mit Übergabe des Projektes zu durchlaufen. Weiterhin wird eine Projektdokumentation angefertigt und eine Anwenderdokumentation für die Administratoren (8h). Allein der Zeitrahmen setzt also Grenzen bezüglich der Auswahl des Monitoringsystems in Hinsicht auf Umsetzbarkeit unter Einhaltung der Qualitätsziele.

1.2.4 Qualitätsziel

Monitoring-Ergebnisse sollen via Web-Browser abrufbar sein, so dass die Systemadministratoren auf entsprechende Ereignisse proaktiv reagieren können werden.

Das Monitoring-System wird selbst Teil der IT-Infrastruktur und wird daher auch wie andere Systeme administriert und gewartet. In die Verantwortung der Systemadministration fällt daher auch eine Backup-Lösung.

Die Funktionaltität wird durch Testfälle innerhalb der Qualitätssicherung sichergestellt.

1.3 Projektablaufplan

1.3.1 Projektphasen

Die Projektphasen umfassen die Problem-Analyse, die Konzeption einer Lösung, die Durchführung oder Realisierung des Vorhabens sowie den Projektabschluss. Die einzelnen Abschnitte der Phasen sind in Tabelle 2 aufgeführt.

1.3.2 Abweichungen vom Projektantrag

Die Durchführung des Projektes wurde auf KW 17 verschoben, da der Projektbeauftragte der Firma leider länger erkrankt war.

Die Berechnung der Dauer bis zur Amortisation lässt sich besser mit berechneten Kosten als nur mit groben Abschätzungen durchführen. Daher wird dieser Teil aus der Analysephase in die Konzeptionsphase verschoben.

---

[4]Service Level Agreement (diese Abkürzung und alle Weiteren s. A.2, S. 25)

Tabelle 2: Projektphasen (Planung)

Projektphase	Arbeitspakete	Zeitaufwand[1] [h]
Analyse		6
	Durchführung der *Ist*-Analyse	1
	Erstellung einer Anforderungs-Analyse	2
	Erstellung des *Soll*-Konzepts	2
	Wirtschaftlichkeitsanalyse und Amortisationsrechnung	1
Konzeption		8
	Evaluation und Nutzwertanalyse	4
	Planung der Arbeitspakete	1
	Ressourcen-Planung	1
	Planung der QS-Maßnahmen	1
Durchführung[2]		16
	System integrieren	4
	Implementierung der Systemkomponenten	4
	Überprüfung der Funktionalität	4
	Reevaluation der Ergebnisse	4
Abschluß		10
	Vergleich IST-/SOLL-Zustand	1
	Dokumentation des Projektes	8
	Projektabnahme und Projektübergabe	1
Summe		40

[1] geplant;   [2] Realisierung

2 Analyse

In der Analyse-Phase erfolgt wie in Tabelle 2 aufgeführt eine Aufnahme der IST-Situation, der Anforderungen an das Projekt und die Erstellung des SOLL-Konzepts. Eine Wirtschaftlichkeitsanalyse schließt diese Phase ab.

2.1 Ausgangssituation

Im Ausbildungsbetrieb   am Standort Karlsruhe existiert keine Lösung für die Funktions- und Verfügbarkeitsüberwachung (Monitoring) von Servern und Services für das IT-Team der Filiale. Die Verfügbarkeit und Aktivität von Webservern und Online-Lernmanagement-System wird derzeit noch manuell kontrolliert.

2.2 Durchführung der Ist-Analyse

Das IT-Team der   betreut eine Vielzahl von Servern und Services. Sehr starke Kundennähe weisen dabei die Webpräsenz und das Online-Learning-Portal (-Portal) auf. Als Webserver kommen Apache HTTP Server auf Basis leistungsstarker x86-Rechner zum Einsatz. Das   Portal ist eine Lösung auf Basis Apache HTTP Server, PHP und *MariaDB* als Datenbank.

Im IT-Team, das die Webservices betreut, wird eine Überwachungslösung für die verantworteten Server und Services benötigt.

Innerhalb des IT-Teams arbeite ich an der Betreuung der Webserver und des Online-Lernmanagement-Systems mit.

Große Unsicherheit bezüglich Lieferbarkeit, Verfügbarkeit und Preisen von Hardware ergeben sich aktuell nicht nur aufgrund der mittlerweile über zwei Jahre andauernden globalen Corona-Pandemie, sondern auch durch den kürzlich ausgebrochenen Krieg zwischen Russland und der Ukraine in Europa.

Aufgrund der Corona-Pandemie erfolgt die Arbeit überwiegend im Home-Office.

2.3 Erstellung der Anforderungsanalyse

In der Analyse der Anforderungen habe ich zusammen mit den Administratoren besprochen, was sie sich von einer Monitoring-Lösung wünschen und welche Parameter als Indikatoren dienen sollen, und wozu diese eigentlich gut sein soll. Dabei stellten sich folgende Anforderungen heraus:

2.3.1 Qualitätsanforderungen - Sachanforderungen

Die Monitoring-Lösung soll es ermöglichen, Indikatoren der verschiedenen Zielsysteme (Linux-Server), visuell als Zeitreihengraphen zu erfassen. Im Blick sollen dabei mehrere System und deren unterschiedliche Parameter sein können. Die Monitoring-Ergebnisse sollen via Web-Browser abrufbar sein, so dass die Systemadministratoren auf entsprechende Ereignisse proaktiv reagieren können werden. Als Indikator-Parameter sollen die Auslastung von CPU, RAM, DISK-SPACE sowie Verfügbarkeit von Services (Apache-Webserver) herangezogen werden. Zukünftige Systeme sollen erst nach Integration in das Monitoring in Betrieb gehen. Das bedeutet, dass die Integration zusätzlicher Hosts in die Monitoring-Lösung nicht nur möglich, sondern auch leicht durchzuführen sein sollte. Die Lösung muss open-Source basiert sein, muss auf einem Einplatinenrechner mit open-Source Betriebssystem lauffähig sein und die Daten lokal speichern können (keine Cloud-Anwendung). Da das Monitoring-System selbst Teil der IT-Infrastruktur werden soll und daher auch wie andere Systeme administriert und gewartet werden wird, muss eine praktikable Backup-Lösung daher zum Umfang des Projektes gehören.

2.3.2 Zeitbedarfsanforderungen - Terminanforderungen

Weiterhin muss diese Lösung in max. drei Tagen umsetzbar sein.

2.3.3 Kostenanforderungen

Die gesuchte Lösung darf keine Lizenz-Kosten verursachen, und das gesteckte Budget von 2000 € nicht überschreiten.

2.4 Erstellung des Soll-Konzepts

Nach Aufnahme der Anforderungen gemeinsam mit den Administratoren der IT-Abteilung des Standortes Karlsruhe von   habe ich überlegt, wie und womit ich diese kostengünstig und schnell umsetzen kann.

Folgende Ansätze und Ideen habe ich dabei gehabt. Nach einer Evaluation verschiedener Einplatinen-Rechner fällt zunächst die Entscheidung für Hardware. Dann wähle ich das entsprechende Linux-Derivat, was sich für den angedachten Einsatzzweck am Besten eignen wird. Als Backup-Lösungen habe ich zwei Verfahren gewählt, mit denen ich bereits gute Erfahrung in vorherigen Projekten sammeln konnte. Die Auswahl der Monitoring-Lösung wird am umfangreichsten und daher verwende ich die Methode der Nutzwertanalyse, um hier eine Auswahlentscheidung treffen zu können. Um die Budget-Vorgaben einzuhalten, berechne ich die zu erwartenden Gesamtkosten. Zusätzlich führe ich noch eine Amortisations-Rechnung durch, um eine Aussage treffen zu können, wie lange es voraussichtlich dauern wird, bis sich die Ausgaben kompensiert haben.

2.5 Wirtschaftlichkeitsanalyse

Der *wirtschaftliche Nutzen* eines Monitoring-Systems besteht hauptsächlich in seiner Funktion zur vorbeugenden *Vermeidung und Reduzierung* von Ausfallzeiten und der damit zwangsweise verbundenen Herabsetzung vereinbarter Service Level Stufen.

Vorausgesetzt, dass die Prozessketten vollständig implementiert sind, kann kurz gesagt Monitoring und Alerting die Verfügbarkeit erhöhen und durch die Einhaltung von SLA's Kosten einsparen.

3 Konzeption

In der Konzeptions-Phase oder Planungsphase erfolgen die Evaluation und Nutzwertanalyse, die Planung der Arbeitspakete, gefolgt von der Ressourcen-Planung. Abgeschlossen wird dies Projektphase ⸱ mit der Planung qualitätssichernder Maßnahmen.

3.1 Evaluation und Nutzwertanalyse

3.1.1 Evaluation

Einplatinencomputer Als Einplatinencomputer [5] (single-board computer SBC) werden Computersysteme bezeichnet, bei denen alle elektronischen Komponenten sich auf einer Platine befinden. Es existieren aktuell eine Vielzahl unterschiedlicher Einplatinenrechner vom Arduino über den Banana Pi und viele weitere bis hin zum Raspberry Pi [14].

Letzterer ist seit 2012 auf dem Markt und hat seither einen ungeahnten Siegeszug hinter sich, allein die bis Februar 2022 verkauften 45 Mill. Geräte, sprechen für sich [1]. Damit gehört er nach dem Chromebook zu den meistverkauften Linux Rechnern. Er wurde von Beginn an als Heimcomputer konzipiert, um das Erlernen des Programmierens und Experimentieren zu erleichtern. Teil des Konzeptes war und ist durch den Einsatz sehr preiswerter Hardware-Komponenten den Verkaufspreis gering zu halten. Das aktuelle Modell des Raspberry Pi, der Raspberry Pi 4 Modell B, besitzt einen Prozessor mit Arm-Architektur (Armv8-A) [3] der zusammen mit anderen Komponenten auf einem einzigen Chip (System on a Chip SoC) auf der ca. kreditkartengroßen Leiterplatte aufgebracht ist. Auf der Leiterplatte befinden sich auf den Außenseiten noch Anschlüsse für Peripheriegeräte [15]. Als Betriebssysteme kommen für den Raspberry Pi das eigens entwickelte Debian Derivat Raspberry Pi OS bzw. eine Vielzahl besonders angepasster Variationen der größeren Linux-Distributionen in Frage [4]. Die preiswerte Hardware, mit für viele Zwecke ausreichender Leistung, zusammen mit der Eigenschaft mittlerweile ein Vielzahl von Linux-Derivaten als OS einsetzen zu können, sowie der umfangreichen Dokumentation und mittlerweile auch stattlichen Auswahl an Literatur führte dazu, dass der Raspberry Pi mittlerweile auch für professionelle Zwecke in Rechenzentren eingesetzt wird.

Betriebssystem für den Einplatinencomputer Als Betriebssystem wurde Ubuntu gewählt. Ubuntu basiert wie auch Raspberry Pi OS auf Debian, ist aber auch als professionelles Linux-Derivat für die gängige x64-Architektur in Rechenzentren häufig anzutreffen. Installiert wurde Ubuntu 20.04 LTS (Linux-Kernel: `5.4.0-1058-raspi`) [16].

Klassifzierung von Monitoring-Software Monitoring Lösungen in der IT umfassen

1. betriebssystemeigene Werkzeuge,

2. agentenlose (Netdata) und

3. RRDB-Tool basierte Lösungen sowie

4. agentenbasierte Software-Lösungen (Klasse der Nagios Abkömmlinge) sowie

5. hochskalierbare Mehrkomponenten-Enterprise-Lösungen, die für das Einsammeln von Metriken, Speichern und Darstellen jeweils eigene Software-Komponenten einsetzen (*Grafana*-Gruppe).

Für das Projekt soll entweder Gruppe 2 oder 3 eingesetzt werden.

zu überwachende Indikatoren   Übwerwacht werden sollen mind. folgende Indikatoren:

CPU Auslastung des Prozessors

RAM Memory-Auslastung

Disk Space Plattenplatzauslastungt.

System Uptime Wie lange ist das System schon am Laufen.

Heart Beat Ist das System oder der Service noch verfügbar ?

Metriken   Software-Metriken sind Daten, die als Kennzahlen zur Interpretation von Eigenschaften einer Software dienen sollen. Erst dadurch werden formale Vergleichs- und Bewertungsmöglichkeiten geschaffen. Im Monitoring werden hierzu Messdaten in bestimmten Zeitabständen erhoben und in entsprechenden Intervallen als Zeitreihen-Messung dargestellt. Visualisierte Zeitreihen von Messdaten lenken den Blick auf Veränderungen. Starke Schwankungen sind dabei oftmals Hinweise auf Störungen oder Systemfehler.

Alerting – Alarmierungsfunktionen   In dieser Arbeit wird das Alerting getrennt vom Monitoring betrachtet. Letzteres ist zusammen mit dem Setzen von Schwellenwerten zwingende Voraussetzung für weiterführende Alarmierungsfunktionen [10]. Ziel dieses Projektes ist es, für die Administratoren eine visuelle Darstellung von Beobachtungsdaten zur Verfügung zu stellen. Alarmierungsfunktionen, die über eine reine Benachrichtigung (z.Bp. per E-Mail) hinausgehen, müssen ohnehin in eine Service-Prozess-Umgebung (z.Bp. ITIL basiert) eingebunden werden, um dann z.Bp. zu entsprechenden Incidents in Ticket-Systemen zu führen [9].

.

3.1.2 Nutzwertanalyse

Um den Nutzen der zur Auswahl stehenden Anwendungen beurteilen zu können, ist es notwendig Kriterien heranzuziehen, welche beurteilt und bewertet werden können. Die Nutzwertanalyse eigenet sich hierfür, da es sich bei diesen Kriterien nicht zwingend um messbare Parameter handeln muss (betriebswirtschaftliche Kennzahlen wie Kosten in [€], oder physikalische Kenngrößen). Es können also durchaus auch nicht-metrische und übergeordnete Parameter für die Bewertung von Kriterien herangezogen werden. Durch Skalierung der nicht-metrischen Merkmale auf übereinstimmende nu-merische Skalen (wie Noten oder Punkte), können die weichen Kriterien gegeneinander numerisch abgewogen werden (Nutzwerte). Im vorliegende Fall erscheint dieses Werkzeug zur Entscheidungs-findung angebracht, da zur Auswahl stehenden Anwendungen über komplexe Eigenschaften verfügen und eine Beurteilung für diesen besonderen Projektfall notwendig ist.

Vorauswahl geeigneter IT-Monitoring Software   Folgende Monitoring Lösungen werden für die Vorauswahl in die nähere Betrachtung gezogen:

- Monitorix
- Munin
- MMonit
- NetDATA
- OpenNMS
- LibreNMS
- Icinga 2

- Zabbix

- CheckMK

- PRTG

- Prometheus

- Graphite

- influxDB

- Grafana

Muss-Kriterien Die auszuwählende IT-Monitoring Anwendung muss zwingend über folgende Eigenschaften verfügen [✓]:

- open-Source

- lizenzkostenfrei

- lokale Datenhaltung möglich (keine Cloud-Anwendung)

- Einsatz auf Raspberry Pi auf Linux-Basis möglich

- Multi-Host Dashboard

- geringe Komplexität

- anvisierte Zielgruppe (z.Bp. KMU,oder große Rechenzentren)

Sollte eine dieser Bedingungen nicht erfüllt sein, so kommt der Anwendungskandidat nicht weiter in Betracht (KO-Kriterium [✗]).

Soll-Kriterien Folgende Kriterien sollten erfüllt sein, ohne zum Ausschlusskriterium zu werden:

- einfache Installation

- einfache Konfiguration

- Zeitreihenanalyse

Kann-Kriterien Als Kann-Kriterien (*nice-to-have*-Kriterien) werden folgende Features angesehen:

- Zugriffsschutz

- Alarmierungs-Funktion(en)

Verbliebene Endauswahl geeigneter IT-Monitoring Software Aufgrund mind. eines KO-Kriteriums fallen aus der Vorauswahlliste folgende Produkte heraus:

- MRTG [✗ anvisierte Zielgruppe]

- PRTG [✗ kommerziell]

- MMonit [✗ kommerziell]

- NetDATA [✗ Multi-Host Dashboard]

- OpenNMS [✗ hohe Komplexität]

- LibreNMS [✗ hohe Komplexität]

- CheckMK [✗ kommerziell]

- GRAFANA - Gruppe [✗ hohe Komplexität]

    - Prometheus [✗ anvisierte Zielgruppe]

    - Graphite [✗ hohe Komplexität]

    - influxDB [✗ kommerziell]

Es verbleiben damit für die endgültige Bewertung mittels Nutzwertanalyse noch folgende Monitoring-Produkte, die alle Muss-, Soll- und Kann-Kriterien erfüllen:

- Monitorix

- Munin

- Icinga 2

- Zabbix

Merkmale der Produkte der Endauswahl

Monitorix [12] [11] RRDTool basiert. Debian Paket vorhanden. Keine eigene DB erfoderlich. Kein eigener Webserver erforderlich.

Munin [13] [19] Debian-Paket vorhanden. Apache 2 erforderlich.

Icinga 2 [2] [6] Webserver und Datenbank erforderlich. Nachfolger von Nagios. Enterprise-Klasse.

Zabbix [20] [21] Webserver und Datenbank erforderlich. Enterprise-Klasse.

Skalierung der Bewertungskriterien Für die Bewertungskriterien wurden folgende Merkmale herangezogen und jeweils drei Skalierungsausprägungen definiert:

Bedienbarkeit Als Merkmal der Bedienbarkeit werden die *Installation & Konfiguration* herangezogen mit den drei Skalierungsausprägungen *einfach, annehmbar* sowie *komplex & kompliziert*.

Community & Support Ist die Community rund um das Open-Source Projekt noch aktiv ? Wie aktuell ist die letzte Produktaktualisierung ? Die drei Skalierungsausprägungen sind *>=3a, <= 2a* und *<= 1a*.

Funktionsumfang Die Anzahl einzubindender Indikatoren ist in drei Skalierungsausprägungen angeordnet: *minimal, ausreichend* und *umfangreich*.

Skalierbarkeit Ist die Monitoring-Lösung auf auf eine große Anzahl an Hosts ausgelegt? Lassen sich zusätzliche Hosts leicht einbinden ? Die drei Skalierungsausprägungen sind *einfach, annehmbar* sowie *komplex & kompliziert*.

Die Skalierung der Bewertungskriterien ist in Tab. 3, S. 11 aufgeführt.

Tabelle 3: Skalierung der Bewertungskriterien

Kriterium	Merkmal	Punkte		
		Ausprägung		
		1	2	3
Bedienbarkeit	Installation & Konfiguration	komplex & kompliziert	annehmbar	einfach
Community	Aktualisierung & Aktualität	>= 3a	<= 2a	<= 1a
Dokumentation	Umfang	manpage, readme	readme + Wiki	Wiki + Forum + Sekundär-Literatur
Skalierbarkeit	Indikatoren	minimal	ausreichend	umfangreich
	Hosteinbindung	komplex & kompliziert	annehmbar	einfach
Funktionsumfang	Indikatoren	minimal	ausreichend	umfangreich

Tabelle 4: Nutzwertanalyse Monitoring Software

Kriterium	Gewichtung G	Monitorix		Munin		Icinga 2		Zabbix	
		Beurteilung B	Wert G*B	Beurteilung B	Wert G*B	Beurteilung B	Wert G*B	Beurteilung B	Wert G*B
Bedienbarkeit	35 %	3	1,05	2	0,7	1	0,35	1	0,35
Community[1]	30 %	3	0,9	3	0,9	3	0,9	3	0,9
Dokumentation	20 %	2	0,4	3	0,6	3	0,6	3	0,6
Funktionsumfang	10 %	2	0,2	2	0,2	3	0,3	3	0,3
Skalierbarkeit	5 %	1	0,05	2	0,1	3	0,15	3	0,15
Summe	100 %		2,6		2,5		2,3		2,3
Nutzwert[2]			1		2		3		3

[1] & Entwicklung; [2] Platzierung

Die Auswertung der Nutzwertanalyse ergibt folgende Platzierung:

1. Monitorix

2. Munin

3. Icinga 2 & Zabbix

Entscheidend ist hier also die Erstplatzierung von *Monitorix*, auf das die Auswahl als Monitoring-Lösung fällt.

3.2 Planung der Arbeitspakete

Um das Projekt zu planen, habe ich die anfallenden Arbeitsschritte in Arbeitspaketen zusammengefasst und in eine zeitliche Reifenfolge gebracht. Zum Einen habe ich mich dabei allgemein von Projektmanagement Best-Practices und zum Anderen vom Top-Down Ansatz leiten lassen. Die Arbeitspakete habe ich bereits während der Projektplanung erstellt und in Projektphasen gegliedert. Die Planung der in Projektphasen gegliederten Arbeitspakete (s. Tab. 2, 4) war dann bereits Bestandteil des Projektantrags.

3.3 Ressourcen-Planung

Personalplanung Der geplante Zeitaufwand von 40 Stunden wurde vollumfänglich in Anspruch genommen.

Tabelle 5: Personalplanung

Name	Tätigkeit	Zeitaufwand [h]
Zilly, Daniel	Projektumsetzung und leitung,	40
	Projektauftrag, Unterstützung und Übergabe	4
Administrator A	Ansprechpartner	4

Sachmittelplanung

Hardware Die Sachmittelplanung der Hardware findet sich in Tab. 6.

Tabelle 6: Sachmittelplanung - Hardware

Hardware	Anzahl	Beschreibung
Raspberry Pi 4 B 4GB	2	

Software Die Sachmittelplanung der Software findet sich in Tab. 7.

Tabelle 7: Sachmittelplanung - Software

Software	Beschreibung
OS: Ubuntu	Kernel-Version: 5
Munin	Version: 5

3.3.1 Terminplanung

Die Durchführung des Projektes wurde nach Rücksprache mit den beteiligten Personen auf KW 17 verschoben, da der Projektbeauftragte der Firma   leider länger erkrankt war. Die in Tab. 2 aufgeführten Zeiten spiegeln den zeitlichen Ablauf wider, den das Projekt nahm.

3.3.2 Kostenplanung & Kostenkalkulation

Personalkosten Die Personalkosten sind in Tab. 8 aufgeführt.

Tabelle 8: Personalkosten

Projektmitarbeiter	Arbeitszeit [h]	Stundensatz [€/h]	Mitarbeiterkosten [€]
Zilly, Daniel	40	25	1000
	4	75	300
Administrator A	4	75	300
Summe			1600

Sachmittelkosten Zur Berechnung der Sachmittelkosten habe ich die Kosten der Hardware und Software aufgeführt.

Hardware Die Sachmittelkosten für die Hardware sind in Tabelle 9 aufgeführt.

Tabelle 9: Sachmittelkosten - Hardware

Hardware	Anzahl	Einzelkosten [€]	Gesamtkosten [€]
Raspberry Pi 4 B 4GB	2	100	200
Summe			200

Software Die Sachmittelkosten für die Software sind in Tabelle 10 aufgeführt. Lizenz- und Supportkosten sind absichtlich mit aufgeführt worden, um zu verdeutlichen, dass einerseits dies Posten sind, die evtl. später bei einer Höher-Skalierung zusätzlich mit anfallen könnten, andererseits diese Kosten bei einer proprietären Lösung in jedem Fall zusätzlich zu Buche schlagen würden.

Tabelle 10: Sachmittelkosten - Software

Software	Anzahl Lizenzen	Einzelkosten [€]	Gesamtkosten [€]
OS: Ubuntu	2	0	0
Hersteller-Support	2	0	0
Munin	0	0	0
Hersteller-Support OS	0	0	0
Hersteller-Support SW	0	0	0
Summe	4		0

Einsparungen Unter Einsparungen werden hier die durch rechtzeitige Alarmierung behobene bzw. gänzlich vermiedene Ausfallzeiten gemeint.

Die Sachmittelkosten für die Einsparungen sind in Tabelle 11 aufgeführt.

Tabelle 11: Sachmittelkosten - Einsparungen

Systemkomponente	vermiedene Ausfallzeit [h]	Einzelkosten [€/h]	Gesamtersparnis [€]
Webserver für externe Kunden	2	1000	2000
LMS für Schulungsteilnehmer	2	500	1000
Summe	4		3000

3.4 Wirtschaftlichkeitsbetrachtung

Die Kalkulation der Kosten für den Aufbau einer initialen Monitoring-Lösung werden hypothetischen Kosten eines Ausfalls von Systemen und/oder Diensten in dieser *Wirtschaftlichkeitsbetrachtung* gegenübergestellt.

3.4.1 Gesamtkosten

Die Gesamtkosten des Projektes setzen sich aus Personalkosten, Sachmittelkosten (Hard- und Software) und fixen Kosten zusammen. Die fixen Kosten werden hier nicht näher betrachtet. Für dieses Projekt belaufen sich die Gesamtkosten auf 2000 €. Die Zusammensetzung der Gesamtkosten sind in Tabelle 12 aufgeführt.

Tabelle 12: Gesamtkosten

Komponente	Anzahl	Einzelkosten [€]	Gesamtkosten [€]
Hardware: Raspberry Pi 4 B 4GB	2	100	200
Software: OS, & Server- und Client-Anwendungen	2	100	200
Software-Support:	0	0	0
Mitarbeiterkosten (Arbeitszeit)	48	divers	1600
Summe			2000

3.4.2 Amortisation

Als Amortisationsdauer ist derjenige Zeitraum (Dauer) definiert, der erforderlich ist, bis die investierten Kosten durch Einsparung oder zusätzlichen Gewinn wieder eingenommen worden sind. Kurz gesagt ist die Amortisationsdauer derjenige Zeitraum, bis sich die Investition bezahlt gemacht hat.

Die vermiedenen Kosten für Ausfallzeiten werden für die Berechnung der Amortisation hierbei als jährlicher Gewinn (Einsparung) betrachtet.

Unter der Annahme , dass die erfolgreiche Implementierung eines Monitoringsystems Ausfallzeiten verringert und damit also die Verfügbarkeit erhöht, ergibt sich dadurch folgende Berechnunsformel für die Dauer bis zu Amortisation:

$$\text{Dauer} = \frac{\text{Gesamt} - \text{Projektkosten} \ [€]}{\text{Einsparung} \ [€/a]} = x[a] \tag{1}$$

Im konkreten Fall berechnet sich die Dauer bis zur Amortisation wie folgt:

$$\text{Dauer} = \frac{2000 \ [€]}{3000 \ [€/a]} = 0,\overline{6} \ [a] \tag{2}$$

Somit ergibt sich eine Amortisationsdauer von 0,6 Jahren, was 8 Monaten entspricht.

Das bedeutet, dass sich die Einführung dieser Monitoring-Lösung bereits nach 8 Monaten bezahlt gemacht hat.

3.5 Planung der QS-Maßnahmen

Die qualitätssichernenden Maßnahmen sind Tests, die sicherstellen sollen, dass die implementierte Monitoring-Lösung geplanten Funktionen erfüllt und korrekt ausführt.

3.5.1 QS Monitoring

Überprüfung der Ressourcen-Anzeige Bei den überwachten Ressourcen, wird hierzu überprüft, ob die Graphen der Zeitreihenanalyse funktionieren:

Wird die Auslastung der Indikatoren wiedergegeben ?

- CPU:
- RAM:
- DISK

Überprüfung der Verfügbarkeits-Indikatoren

- Uptime
- Reagiert die Anzeige bei Ausfall des anzuzeigenden Parameters ?
- Ist die Wiederaufnahme des Dienstes sichtbar und der Ausfall nachvollziehbar ?

Überprüfung der Anzeigetafel (Dashboard) Die Anzeigetafel via Webbrowser (Dashboard) ist wesentliches Element des aktiven Monitoring. Überprüft werden muss hierbei:

- Liste der Hosts: Sind alle konfigurierten Hosts anwählbar?
- werden die Hosts nach Auswahl korrekt angezeigt ?
- Liste der Indikatoren: Sind alle konfigurierten Indikatoren anwählbar?

3.5.2 QS Backup

Überprüfung des Backup per *dcfldd* Wurde die Backup-Datei am Zielverzeichnis erstellt ?

```
1  ls  -shtr  /media/danzy/WD4.6TB/BACKUPs/SYSTEMs/rpy.MONITOR/
2  insgesamt  3,1G
3  3,1G  290422_rpy.MONITOR.KA.COMCAVE.gz
```

Überprüfung des Backup per *rsync* Wurden die *rsync*-Dateien am Zielverzeichnis erstellt ?

4 Durchführung

4.1 Integration des Systems – Arbeitsschritte

4.1.1 Installation & Konfiguration des Betriebssystem *Ubuntu* auf dem Raspberry Pi 4B

OS-Version   Folgende Betriebssystem-Versionen wurden eingesetzt:

Ubuntu Server 20.04.4 LTS (RPI 3/4/400) 64-bit server OS with long-term support for arm64 architectures.

Siehe auch hierzu A.4.2 auf S. 26.

Installation   Die Installation von *Ubuntu* auf der SD-Card erfolgte wie bei Ubuntu beschriebenmittels dem Tool *rpi-imager*: Dazu wird die SD-Card an einen Linux-Desktop-Rechner angeschlossen, das Programm auf der Kommandozeile mit rpi-imager gestartet und nach Auswahl der (korrekten) SD-Karte sowie des Betriebssystems (Other general-purpose OS > Ubuntu > Ubuntu Server 20.04.4 LTS (RPI 3/4/400) [5]) das Schreiben auf die SD-Card gestartet. In den Anfangszeiten des Raspberry Pi's musste das Beschreiben der SD-Card noch mit dem Linux Kommandozeilen-Tool dd durchgeführt werden.

Konfiguration   Nachdem das Image auf die SD-Card aufgespielt wurde, wird das Betriebssystem zum ersten Mal gestartet und die initiale Konfiguration vorgenommen:

1. Systemadministrator-Benutzer anlegen

2. Hostname konfigurieren

3. Post-Installation Konfigurationen vornehmen (variabel, je nach Geschmack)

4.1.2 Installation & Konfiguration der Monitoring-Software *Monitorix*

Installation   Die Installation wurde wie auf der *Monitorix*-Projektseite beschrieben vorgenommen:

```
1  sudo apt install monitorix
```

Konfiguration der Monitoring-Software *Monitorix*   Die Konfiguration von Monitorix wird über die Datei /etc/monitorix/monitorix.conf vorgenommen. Wichtig ist es, hierbei im Abschnitt <multihost> unter <remotehost_ desc> die IP-Adressen, der zu überwachenden und einzubindenden entfernten Host, anzugeben:

```
1  <remotehost_desc>
2  0 = http://192.168.10.24:8080,/monitorix,/monitorix−cgi
3  1 = http://192.168.10.23:8080,/monitorix,/monitorix−cgi
4  2 = http://192.168.10.25:8080,/monitorix,/monitorix−cgi
5  </remotehost_desc>
```

---

[5]64-bit server OS with long-term support for arm64 architectures

4.1.3 Backup erstellen

Als Backup kommen zwei Methoden zum Einsatz:

1. Komplettes blockweises Kopieren der SD-Card auf ein anderes Medium (hier USB-Disk)

2. Kopieren von bestimmten Verzeichnissen und Dateien mittels rsync

Methode 1 erlaubt ein genaues 1:1-Abbild der SD-Card. Die Erstellung ist langwierig und erfordert das Herunterfahren des Monitoring-Server, die Entnahme der SD-Card und einen Linux-Desktop mit angeschlossenem Backup-Ziel (hier eine externe USB-Disk). Vorteil ist Möglichkeit den Ausgangszustand exakt wieder herzustellen.

Backup-Methode 1 wurde am Nachmittag vor den QS-Tests vorgenommen.

Methode 2 sollte regelmäßig ausgeführt werden und dient als reguläre Datensicherung.

Initiales Backup durch Imaging-Verfahren mit dcfldd   Nachfolgend ist der Kommandozeilen-Output des blockweise Kopierens mittels dcfldd zu sehen.

```
1 sudo dcfldd if=/dev/sdb bs=4M  | gzip > /<Pfad zum USB Disk−Medium>...
2 .../BACKUPs/SYSTEMs/rpy.MONITOR/'date +%d%m%y'_rpy.MONITOR.KA.COMCAVE.gz
3 60928 blocks (243712Mb) written.
4 61004+0 records in
5 61004+0 records out
```

Das Ergebnis ist eine vollständige, komprimierte Kopie der SD-Card :

```
1 sudo ls  /<Pfad zum USB Disk−Medium>.../rpy.MONITOR/
2 290422_rpy.MONITOR.KA.COMCAVE.gz
```

Datensicherung mit rsync   Die regelmäßige Datensicherung erfolgt mit rsync, welches nur geänderte Dateien kopiert (synchronisiert). Hier erfolgte die Sicherung der Konfigurations-Dateien unter /etc auf eine lokal angeschlossene USB-Disk

sudo rsync [OPTIONEN] [QUELLE] [ZIEL]:

```
1 sudo mkdir −p /media/<Pfad zum rsync−Backup−Verzeichnis> ... /rpy.MONITOR/RSYNC/
2 sudo rsync −tarhv /etc \\
3  /medium/<Pfad zum rsync−Backup−Verzeichnis> ...  /BACKUPs/DATA/rpy.MONITOR/RSYNC/
```

4.2 Implementierung der Systemkomponenten

4.3 Überprüfung der Funktionalität

Die Überprüfung der Funktionalität dient der Qualitätssicherung.

4.3.1 Testfälle Monitoring

Die einzelnen Testfälle sind in 3.5 aufgeführt und die Ergebnisse in Tab. 13:

Die Tests waren alle erfolgreich.

Tabelle 13: QS-Testfälle: Monitoring

Kategorie	Testfall	Durchführung	Ergebnis	Datum
Ressource	CPU	Angezeigt ?	✓	29.04.2022
Ressource	RAM	Angezeigt ?	✓	29.04.2022
Ressource	DISK	Angezeigt ?	✓	29.04.2022
Verfügbarkeit	UPTIME-Anzeige	Angezeigt ?	✓	29.04.2022
Verfügbarkeit	UPTIME-Reaktion	Angezeigt ?	✓	29.04.2022
Dashboard	UPTIME	Angezeigt ?	✓	29.04.2022

Tabelle 14: QS-Testfälle: Backup

Kategorie	Testfall	Durchführung	Ergebnis	Datum
Backup	Imaging	durchgeführt ?	✓	29.04.2022
Backup	rsync	durchgeführt ?	✓	29.04.2022
Restore	Imageing	wiederherstellbar ?	✓	29.04.2022
Restore	rsync	wiederherstellbar ?	✓	29.04.2022

4.3.2 Testfälle Backup

Die einzelnen Testfälle sind in 3.5 aufgeführt und die Ergebnisse in Tab. 14:

Die Tests waren alle erfolgreich.

4.4 Überprüfung der Ergebnisse

Die Überprüfung (Reevaluation) der Ergebnisse steht sowohl am Ende des Projektes, als auch bei jedem Teilschritt der Implementierung.

5 Projektabschluß

5.1 Vergleich Ist-Situation zur Soll-Situation

Die Projektziele wurden vollständig erreicht. Die anvisierten zu überwachenden Zielsystem sind im Dashboardüber einen Webbrowser aufrufbar und die Indikatoren als Zeitreihen-Graphen sichtbar:

- MONITORIX Auswahlmenü für Hosts (s. Abbldg. 1, S.20)
- MONITORIX Uptime aller Hosts (s. Abbldg. 2, S.21)
- MONITORIX Alle Hosts, alle Graphen (s. Abbldg. 3, S.22)

Abbildung 1: MONITORIX Auswahlmenü für Hosts

5.2 Projektabnahme und Projektübergabe

5.2.1 Projekt-Abnahme & -Übergabe

Die Abnahme des Projektes fand durch den diensthabenden Administrators statt.

5.2.2 Ausblick

Mit dem hier realisierten Monitoring-Dashboard (s. Abbldg. 3, S. 22), sehen die Administratoren quasi *mit einem Blick*, wie es um die überwachten Systeme bestellt ist. Als nächster Schritt sollte eine Alarmierung implementiert werden. Bei Monitorix ist die per E-Mail möglich. Langfristig sollte die Alarmierung in ein Service-Management Konzept mit integriertem Ticketsystem eingebettet werden.

5.3 Fazit

Die Einführung einer Monitoring-Lösung versetzt die internen Kunden (hier die Administratoren), in die Lage, schnell Ressourcenverbrauch, Verfügbarkeit und langfristige Veränderungen der überwachten Systeme sehen zu können. Damit ist der initiale Schritt in ein professionelles Monitoring gelungen.

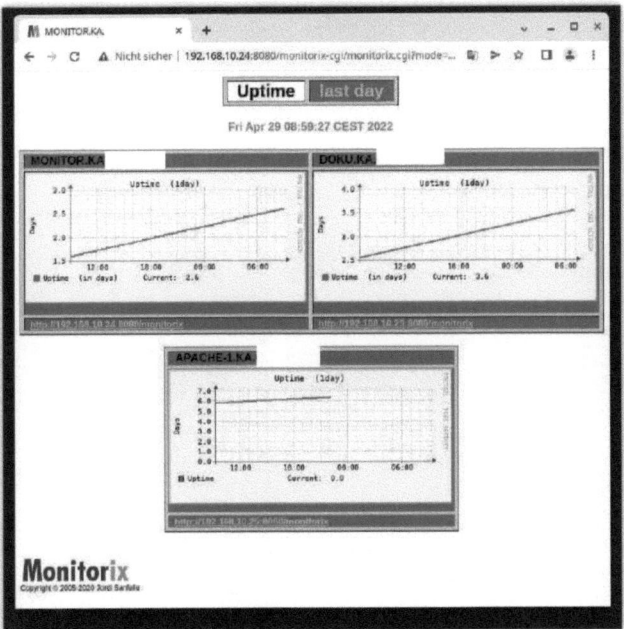

Abbildung 2: MONITORIX Uptime aller Hosts

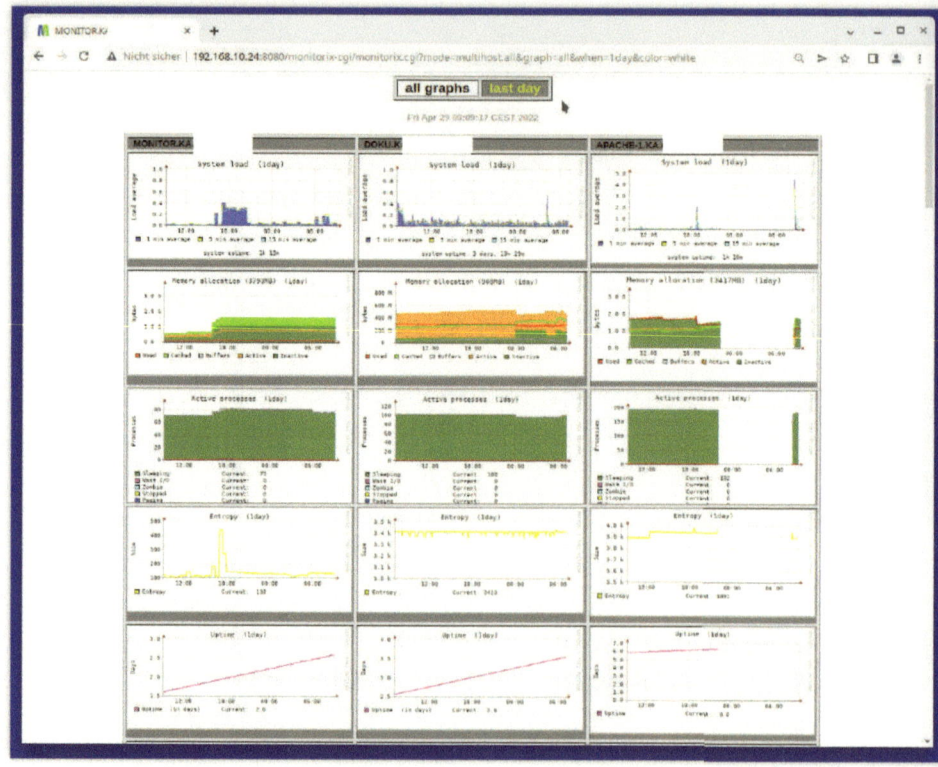

Abbildung 3: MONITORIX Alle Hosts, alle Graphen

Quellenverzeichnis

[1]   *10 Jahre Raspberry Pi: Wieso ihn Millionen Menschen kaufen.* URL: https://www.heise.de/hintergrund/10-Jahre-Raspberry-Pi-Wieso-ihn-Millionen-Menschen-kaufen-6511544.html.

[2]   *About Icinga 2.* URL: https://icinga.com/docs/icinga-2/latest/doc/01-about/.

[3]   *Arm-Architektur - Mikroprozessor-Design.* URL: https://de.wikipedia.org/wiki/Arm-Architektur%5C#Armv8-A%5C_(2011).

[4]   *Betriebssysteme für den Raspberry Pi.* URL: https://www.datacenter-insider.de/23-betriebssysteme-fuer-den-raspberry-pi-a-528415/?p=2.

[5]   *Einplatinencomputer.* URL: https://de.wikipedia.org/wiki/Einplatinencomputer#Heutige_Einplatinenrechner.

[6]   Wikipedia Icinga. *Icinga - Wikipedia.* 29. Apr. 2022. URL: https://de.wikipedia.org/wiki/Icinga.

[7]   *Introducing Atlas: Netflix's Primary Telemetry Platform.* URL: https://netflixtechblog.com/introducing-atlas-netflixs-primary-telemetry-platform-bd31f4d8ed9a.

[8]   Thomas Joos. *Overmonitoring vermeiden - Zuviel ist oft keine Lösung.* 16. März 2022. URL: https://www.datacenter-insider.de/overmonitoring-vermeiden--zuviel-ist-oft-keine-loesung-a-1103287/?print.

[9]   Mike Julian. *Practical monitoring: effective strategies for the real world.* First edition. OCLC: on1014203205. Beijing: O'Reilly, 2018. 149 S. ISBN: 978-1-4919-5735-6.

[10] Slawek Ligus. *Effective monitoring and alerting.* OCLC: ocn817262597. Farnham: O'Reilly, 2013. 149 S. ISBN: 978-1-4493-3352-2.

[11] *Monitorix.* URL: https://en.wikipedia.org/wiki/Monitorix.

[12] *Monitorix.org – Welcome to the Monitorix project Take control over your small server.* URL: https://www.monitorix.org/.

[13] *Munin - Monitoring.* URL: https://munin-monitoring.org/.

[14] *Raspberry Pi.* URL: https://de.wikipedia.org/wiki/Raspberry_Pi%20.

[15] *Raspberry Pi Documentation – Processors BCM2835.* URL: https://www.raspberrypi.com/documentation/computers/processors.html#bcm2711%20.

[16] *Ubuntu – Releases.* URL: https://wiki.ubuntu.com/Releases.

[17] *Webpräsenz* . URL: https://www.comcave.de/standorte/baden-wuerttemberg/.

[18] *Webpräsenz IHK Karlsruhe.* URL: https://www.karlsruhe.ihk.de/.

[19] Munin Wikipedia. *Munin - Wikipedia.* URL: https://de.wikipedia.org/wiki/Munin.

[20] *Zabbix - Wikipedia.* URL: https://de.wikipedia.org/wiki/Zabbix.

[21] *ZABBIX 6.0 LTS Take your business service monitoring to the next levelZabbix.* URL: https://www.zabbix.com/.

A Anhang

A.1 Handreichung für Administratoren (Anwenderdokumentation)

In dieser Handreichung wird die praktische Vorgehensweise zu Installation, Konfiguration und zum Betrieb einer Monitoring Lösung auf Basis eines Raspberry Pi beschrieben.

A.1.1 Hard- und Software

Folgendes Betriebssystem wurde eingesetzt:

Ubuntu Server 20.04.4 LTS (RPI 3/4/400) 64-bit server OS with long-term support for arm64 architectures.

Siehe auch hierzu A.4.2 auf S. 26.

A.1.2 Installation des Betriebssystems Ubuntu auf SD-Card für den Raspberry Pi

Installation Die Installation von *Ubuntu* auf der SD-Card erfolgte wie bei Ubuntu beschriebenmittels dem Tool *rpi-imager*: Dazu wird die SD-Card an einen Linux-Desktop-Rechner angeschlossen, das Programm auf der Kommandozeile mit `rpi-imager` gestartet und nach Auswahl der (korrekten) SD-Karte sowie des Betriebssystems (Other general-purpose OS > Ubuntu > Ubuntu Server 20.04.4 LTS (RPI 3/4/400) [6]) das Schreiben auf die SD-Card gestartet. In den Anfangszeiten des Raspberry Pi's musste das Beschreiben der SD-Card noch mit dem Linux Kommandozeilen-Tool dd durchgeführt werden.

Konfiguration Nachdem das Image auf die SD-Card aufgespielt wurde, wird das Betriebssystem zum ersten Mal gestartet und die initiale Konfiguration vorgenommen:

1. Systemadministrator-Benutzer anlegen

2. Hostname konfigurieren

3. Post-Installation Konfigurationen vornehmen (variabel, je nach Geschmack)

A.1.3 Installation & Konfiguration der Monitoring-Software *Monitorix*

Installation Die Installation wurde wie auf der *Monitorix*-Projektseite beschrieben vorgenommen:

```
sudo apt install monitorix
```

Konfiguration der Monitoring-Software *Monitorix* Die Konfiguration von Monitorix wird über die Datei /etc/monitorix/monitorix.conf vorgenommen. Wichtig ist es, hierbei im Abschnitt <multihost> unter <remotehost_ desc> die IP-Adressen, der zu überwachenden und einzubindenden entfernten Host, anzugeben:

```
<remotehost_desc>
0 = http://192.168.10.24:8080,/monitorix,/monitorix-cgi
1 = http://192.168.10.23:8080,/monitorix,/monitorix-cgi
2 = http://192.168.10.25:8080,/monitorix,/monitorix-cgi
</remotehost_desc>
```

---

[6]64-bit server OS with long-term support for arm64 architectures

A.1.4 Backup erstellen

Als Backup kommen zwei Methoden zum Einsatz:

1. Komplettes blockweises Kopieren der SD-Card auf ein anderes Medium (hier USB-Disk)

2. Kopieren von bestimmten Verzeichnissen und Dateien mittels rsync

Methode 1 erlaubt ein genaues 1:1-Abbild der SD-Card. Die Erstellung ist langwierig und erfordert das Herunterfahren des Monitoring-Server, die Entnahme der SD-Card und einen Linux-Desktop mit angeschlossenem Backup-Ziel (hier eine externe USB-Disk). Vorteil ist Möglichkeit den Ausgangszustand exakt wieder herzustellen.

Backup-Methode 1 wurde am Nachmittag vor den QS-Tests vorgenommen.

Methode 2 sollte regelmäßig ausgeführt werden und dient als reguläre Datensicherung.

Initiales Backup durch Imaging-Verfahren mit dcfldd   Nachfolgend ist der Kommandozeilen-Output des blockweise Kopierens mittels dcfldd zu sehen.

```
1 sudo dcfldd if=/dev/sdb bs=4M  |  gzip > /<Pfad zum USB Disk−Medium>...
2 .../BACKUPs/SYSTEMs/rpy.MONITOR/'date +%d%m%y'_rpy.MONITOR.KA.COMCAVE.gz
3 60928 blocks (243712Mb) written.
4 61004+0 records in
5 61004+0 records out
```

Das Ergebnis ist eine vollständige, komprimierte Kopie der SD-Card :

```
1 sudo ls  /<Pfad zum USB Disk−Medium>.../rpy.MONITOR/
2 290422_rpy.MONITOR.KA.COMCAVE.gz
```

Datensicherung mit rsync   Die regelmäßige Datensicherung erfolgt mit rsync, welches nur geänderte Dateien kopiert (synchronisiert). Hier erfolgte die Sicherung der Konfigurations-Dateien unter /etc auf eine lokal angeschlossene USB-Disk

sudo rsync [OPTIONEN] [QUELLE] [ZIEL]:

```
1 sudo mkdir −p /media/<Pfad zum rsync−Backup−Verzeichnis> ... /rpy.MONITOR/RSYNC/
2 sudo rsync −tarhv /etc \\
3 /medium/<Pfad zum rsync−Backup−Verzeichnis> ... /BACKUPs/DATA/rpy.MONITOR/RSYNC/
```

A.2 Abkürzungen

DMZ Demitilarisierte Zone

SLA Service Level Agreement

A.3 Hardware

Zum Einsatz kam ein Raspberry Pi 4 Model B Rev 1.4 mit 4 GB RAM.

```
1 cat /sys/firmware/devicetree/base/model
2 Raspberry Pi 4 Model B Rev 1.4
```

A.4 Software-Versionen

A.4.1 MONITORIX-Version

```
1 monitorix −v
2 Monitorix version 3.12.0 (21−Feb−2020)
3 by Jordi Sanfeliu <jordi@fibranet.cat>
4 https://www.monitorix.org/
```

A.4.2 OS-Version

```
1 uname −a
2 Linux ubuntu 5.4.0−1059−raspi #67−Ubuntu SMP PREEMPT Mon Apr 11 14:16:01 UTC 2022
      aarch64 aarch64 aarch64 GNU/Linux
```

```
1  cat /etc/os−release
2  NAME="Ubuntu"
3  VERSION="20.04.4␣LTS␣(Focal␣Fossa)"
4  ID=ubuntu
5  ID_LIKE=debian
6  PRETTY_NAME="Ubuntu␣20.04.4␣LTS"
7  VERSION_ID="20.04"
8  HOME_URL="https://www.ubuntu.com/"
9  SUPPORT_URL="https://help.ubuntu.com/"
10 BUG_REPORT_URL="https://bugs.launchpad.net/ubuntu/"
11 PRIVACY_POLICY_URL="https://www.ubuntu.com/legal/terms−and−policies/privacy−policy"
12 VERSION_CODENAME=focal
13 UBUNTU_CODENAME=focal
```

A.5 Kontaktdaten

A.5.1 Prüfling

Daniel Zilly

A.5.2 Ausbildungsbetrieb

Anm. der Red.: Diese Abb. wurde aus urheberrechtlichen Gründen entfernt.

Abbildung 4: Logo

Ausbildungsbetrieb - Logo

A.5.3 Industrie- und Handelskammer Karlsruhe

Anm. der Red.: Diese Abb. wurde aus urheberrechtlichen Gründen entfernt.

Abbildung 5: Logo IHK Karlsruhe

IHK Karlsruhe - Logo